ALOITTELIJAN PROTEIN SHAKE OPAS 2023

100 herkullista proteiinipitoista smoothie-reseptiä lihaksen kasvattamiseen, rasvanpolttamiseen ja energian lisäämiseen (proteiinidieetti, proteiinipirtelöruokavalio, tee-se-itse-proteiini, smoothiet, kehonrakennusdieetti)

Tuula Savolainen

Kaikki oikeudet pidätetään.

Vastuuvapauslauseke

Tämän e -kirjan sisältämien tietojen on tarkoitus toimia kattavana kokoelmana strategioita, joita tämän e-kirjan kirjoittaja on tutkinut. Yhteenvedot, strategiat, vinkit ja temput ovat vain kirjoittajan suosittelemia, eikä tämän e-kirjan lukeminen takaa, että omat tulokset heijastavat tarkasti kirjoittajan tuloksia. E-kirjan kirjoittaja on tehnyt kaikkensa, jotta e-kirjan lukijoille saataisiin ajantasaisia ja tarkkoja tietoja. Kirjoittaja ja hänen työtoverinsa eivät ole vastuussa mahdollisista tahattomista virheistä tai puutteista. E-kirjan materiaali voi sisältää tietoja kolmansilta osapuolilta. Kolmannen osapuolen materiaalit sisältävät omistajiensa ilmaisemia mielipiteitä. Sellaisenaan e-kirjan kirjoittaja ei ota vastuuta tai vastuuta mistään kolmannen osapuolen materiaalista tai mielipiteistä. Johtuen Internetin kehittymisestä tai odottamattomista muutoksista yrityksen politiikassa ja toimituksellisissa toimitusohjeissa, tätä kirjoitettaessa tosiasiana todetut asiat voivat myöhemmin vanhentua tai olla soveltumattomia.

E-kirja on tekijänoikeus © 202 2 ja kaikki oikeudet pidätetään. Tästä e-kirjasta kokonaan tai osittain on laitonta levittää, kopioida tai luoda siitä johdettuja teoksia. Mitään tämän raportin osaa ei saa jäljentää tai lähettää uudelleen missään muodossa ilman kirjoittajan ilmaista ja allekirjoitettua lupaa.

SISÄLLYSLUETTELO

SISÄLLYSLUETTELO 3
JOHDANTO 7
   1. MINTTUSUKLAAPIRTELÖ 8
   2. CASHEW COOKIE PROTEIN SHAKE 10
   3. MUSTIKKAMUFFINIPIRTELÖ 12
   4. BATAATTIPIIRAKKAPROTEIINIPIRTELÖ 14
   5. SUKLAAKAHVIPIRTELÖ 16
   6. HILLOPIRTELÖ 18
   7. EASY PEASY PROTEIN SHAKE 20
   8. VANILJAPROTEIINIPIRTELÖ 22
   9. KAHVIPROTEIINIPIRTELÖ 24
   10. TREENIN JÄLKEINEN BANAANIPROTEIINIPIRTELÖ 26
   11. TREENIN JÄLKEINEN MANSIKKAPROTEIINIPIRTELÖ 28
   12. RECOVERY CITRUS SHAKE 30
   13. YÖMYSSY SHAKE 32
   14. EZEKIEL NUT SMOOTHIE 34
   15. BATAATTIPIRTELÖ 36
   16. MIDNIGHT MACADAMIA 38
   17. MAAPÄHKINÄVOIPIRTELÖ 40
   18. BANAANIPROTEIINIPIRTELÖ 42
   19. PERSIKKAKAURAPIRTELÖ 44
   20. VANILLA CHAI SHAKE 46
   21. APPLE PIE A LA MODE SHAKE 48
   22. CINNAMON ROLL SHAKE 50
   23. HAWAIIAN SUNRISE SHAKE 52
   24. SNICKERDOODLES SHAKE 54
   25. SUKLAAPROTEIINIPIRTELÖ 56
   26. VEGAANINEN MARJAPROTEIINIPIRTELÖ 58
   27. MAAPÄHKINÄVOIPROTEIINIPIRTELÖ 60
   28. BANAANIMANTELIPROTEIINISMOOTHIE 62
   29. PROTEIN POWER SMOOTHIE 64

30. Very Berry Super Shake 66
31. Omena- ja viljapirtelö 68
32. Suklaa-, maapähkinävoi- ja banaanipirtelö 70
33. Mansikka-banaanipirtelö 72
34. Suklaakirsikka Awesomeness Shake 74
35. Vaniljakurpitsapiirakkapirtelö 76
36. Baked Apple Shake 78
37. Tropical Power Shake 80
38. Superfood Shake 82
39. Dr. Mike's Power Shake 84
40. Double Chocolate Mint Shake 86
41. Orange Creamsicle 88
42. Vaniljakahvipirtelö 90
43. Kaurapirtelö 92
44. Banaanipähkinäpirtelö 94
45. Cafe Mocha Shake 96
46. Sunny Morning Shake 98
47. Orange Creamsicle Shake 100
48. Ohut minttupirtelö 102
49. Bright Berry Shake 104
50. Mansikkavaniljapirtelö 106
51. Vadelmajuustokakkupirtelö 108
52. Peanut Butter Cup Shake 110
53. Kermainen suklaapirtelö 112
54. Papaya Ginger Mint Shake 114
55. Mustikka-mangopirtelö 116
56. Pinaatti-, kiivi- ja chia-siemenpirtelö 118
57. Kaurapuurokeksipirtelö 120
58. Maapähkinävoi ja Jelly Shake 122
59. Vanilla Matcha Avocado Shake 124
60. Kirsikkamantelipirtelö 126
61. Hunaja-banaanipirtelö 128
62. Porkkanakakkupirtelö 130
63. Key Lime Pie Shake 132
64. Suklaahippukeksipirtelö 134
65. Suklaa Brownie Shake 136

66. Pina Colada Shake 138
67. Chocolate Ass Grower 140
68. Banaaniaasin kasvattaja 142
69. Strawberry Ass Grower 144
70. Incredible Bulk Vegan Shake 146
71. Proteiini Frappuccino 148
72. Oliiviöljyproteiinipirtelö 150
73. Proteiinismoothie 152
74. Muscle Building Shake 154
75. Peanut Butter Cup Protein Shake 156
76. Maapähkinävoi Hauras pirtelö 158
77. Juustoinen vaniljapirtelö 160
78. Maapähkinävoi Orange Shake 162
79. Blueberry Blast 164
80. Suklaahippujäätelöpirtelö 166
81. Suklaamaapähkinävoipirtelö 168
82. Reeses Pieces Shake 170
83. Partiotyttö 172
84. Jännittävä vaniljaproteiinipirtelö 174
85. Almond Blast 176
86. Piparminttukaurapuuro 178
87. Uskomaton Hulk 180
88. Suklaamaapähkinävoisekoitus 182
89. Mango Coconut Shake 184
90. Mansikka-banaanipirtelö 186
91. Ananaspirtelö 188
92. Watermelon Mango Mix 190
93. Buckeye Shake 192
94. Apple Crisp Shake 194
95. Pina Colada Shake 196
96. Banaanileipäpirtelö 198
97. Marjat ja kermapirtelö 200
98. Berry Blast Shake 202
99. Mansikkajuustokakkupirtelö 204
100. Persikka- ja kermapirtelö 206

PÄÄTELMÄ 208

JOHDANTO

100 herkullista proteiinipitoista smoothie-reseptiä lihaksen kasvattamiseen, rasvanpolttoon ja energian lisäämiseen

Lue PC:llä, Macilla, älypuhelimella, tabletilla tai Kindle-laitteella.

Haluan kysyä sinulta muutaman nopean kysymyksen...

Huomaatko, että sinulla on vaikeuksia rakentaa lihasta?
Haluatko tuntea olosi energiseksi, iloiseksi ja terveeksi joka päivä?
Haluatko joukon herkullisia proteiinipirtelöreseptejä käden ulottuvillasi?

<u>Jos vastasit kyllä johonkin yllä olevista, tämä Protein Shake -reseptikirja on pakollinen.</u>

Tässä on esikatselu siitä, mitä Protein Shake -reseptikirja sisältää...

Tutustu erilaisiin proteiinityyppeihin

- Proteiinipirtelö-reseptit lihasmassan kasvattamiseen
- Proteiinipirtelöreseptit ei-toivotun rasvan pilkkomiseen
- Proteiinipirtelöreseptit energiaa ja hyvinvointia varten

<u>Aivan oikein, tämä kirja sisältää 100 ainutlaatuista, herkullista reseptiä!</u>
!

1. Minttusuklaalastupirtelö

Ainesosat

- 2 lusikallista suklaaproteiinijauhetta
- 12 unssia mintunmakuinen vihreä tee
- 1 TSBP raakakaakaojauhetta
- 1 ruokalusikallinen kaakaonnibsiä (valinnainen)
- 3 jääpalaa

Ohjeet

Laita kaikki ainekset tehosekoittimeen 30-60 sekunniksi.

2. Cashew Cookie Protein Shake

Ainesosat

- 2 lusikallista vaniljaproteiinijauhetta
- 6 unssia mantelimaito
- 1,5 rkl cashewvoita
- 4 unssia. vettä
- 1-5 tippaa vaniljauutetta
- 1-5 tippaa voita makuuutetta
- 2-3 jääpalaa

Ohjeet

Laita kaikki ainekset tehosekoittimeen 30-60 sekunniksi.

3. Mustikkamuffinipirtelö

Ainesosat

- 2 lusikallista vaniljaproteiinijauhetta
- 6 unssia mantelimaito
- 2/3 kuppia mustikoita
- 2 tl cashewvoita
- 1-5 tippaa vaniljauutetta
- 4 unssia. vettä (enemmän ohuempaa pirtelöä varten, vähemmän paksumpaa pirtelöä)
- 3 jääpalaa

Ohjeet

Laita kaikki ainekset tehosekoittimeen 30-60 sekunniksi.

4. Bataattipiirakkaproteiinipirtelö

Ainesosat
- 2 lusikallista vaniljaproteiinijauhetta
- 6 unssia mantelimaito
- ½ kuppia bataattia (jo paistettu, ei kuorta)
- 1-5 tippaa vaniljauutetta
- 4 unssia. vettä (enemmän ohuempaa pirtelöä varten, vähemmän paksumpaa pirtelöä)
- Murskattu jää
- Pumpkin Pie Mauste maun mukaan

Ohjeet

Laita kaikki ainekset tehosekoittimeen 30-60 sekunniksi.

5. Suklaakahvipirtelö

Ainesosat
- 2 ruokalusikallista suklaaheraproteiinia
- 1 kuppi rasvatonta maitoa
- 3 jääpalaa
- 1 kuppi vettä
- 1 lusikallinen pikakahvia

Ohjeet
Laita kaikki ainekset tehosekoittimeen 30-60 sekunniksi.

6. Jam Shake

Ainesosat

- 1 kuppi vaniljajogurttia (vähärasvaista)
- 1 banaani
- 2 rkl mansikkahilloa
- 1 rkl hunajaa
- 2 ruokalusikallista vaniljaheraproteiinia

Ohjeet

Laita kaikki ainekset tehosekoittimeen 30-60 sekunniksi.

7. Easy Peasy Protein Shake

TUOTTO: 1

Ainesosat

- 1 kuppi pakastehedelmiä tai jäätä (banaani, marjat jne.)
- 2-4 annosta proteiinia (proteiinijauhetta, pähkinävoita, siemeniä jne.)
- 1/3 kuppi - 1 kuppi nestettä (mantelimaito, vesi, appelsiinimehu jne.)
- valinnainen: makeutusaine

Ohjeet

a) Aseta ensin hedelmiä tai jäätä nopean tehosekoittimen pohjalle.
b) Lisää seuraavaksi muutama suosikkiproteiinilähteesi. Suosittelemme käyttämään täällä 2-4 erilaista lähdettä riippuen siitä, kuinka paljon proteiinia haluat kuluttaa.
c) Lisää aluksi 1/3 kupillista nestettä ja valinnainen makeutusaine, jos haluat.
d) Laita sitten tehosekoittimen kansi päälle ja sekoita korkealla noin minuutin ajan tai kunnes seos on tasaista. Jos proteiinipirtelösi ei sekoitu helposti, lisää hieman nestettä ja jatka sekoittamista.
e) Tarjoile heti.

8. Vanilla Protein Shake

Annokset 1

Ainesosat

- 1 pakastettu banaani paloina
- 1 kauhallinen (25 g) vaniljaproteiinijauhetta
- 3/4 dl mantelimaitoa
- 1/4 tl kanelia
- 1/4 tl vaniljauutetta tai raaputettua vaniljatankoa
- 1/2 rkl chia- tai pellavansiemeniä, valinnainen
- kourallinen jäätä

Ohjeet

a) Lisää kaikki ainekset täytteitä lukuun ottamatta blenderiin.
b) Banaani, kaneli, vaniljaproteiinijauhe, chia-siemenet, mantelimaito ja vanilja tehosekoittimessa.
c) Sekoita tasaiseksi. Maista ja säädä jäätä tai aineksia tarvittaessa. Lisää täytteitä (jos käytät) ja nauti!

9. Kahviproteiinipirtelö

Ainesosat

- 1/2 kuppia kylmää juomaa
- 1/2 kuppia maidotonta maitoa, pidän kaura- tai kookosmaidosta lisäkermaisuuden vuoksi
- 1 pakastettu banaani paloina
- ¼ kuppia pakastettua kukkakaaliriisiä tai -jäätä
- 1 kauhallinen (25 g) vaniljaproteiinijauhetta (tai suklaaproteiinijauhetta)
- 1/2 rkl chia-siemeniä
- 1/4 tl kanelia
- 1 rkl mantelivoita

Ohjeet

a) Lisää kaikki ainekset täytteitä lukuun ottamatta blenderiin.
b) Banaani, kaneli, vaniljaproteiinijauhe, chia-siemenet, mantelimaito ja vanilja tehosekoittimessa.
c) Sekoita tasaiseksi. Maista ja säädä jäätä tai aineksia tarvittaessa. Lisää täytteitä (jos käytät) ja nauti!

10. Treenin jälkeinen banaaniproteiinipirtelö

Ainesosat

- 2 banaania
- 1/2 kuppia raejuustoa
- Vanilja heraproteiini
- Kuppi maitoa
- Jotain Jäätä
- 1/2 tl ruskeaa sokeria

Ohjeet

a) Sekoita tasaiseksi.
b) Maista ja säädä jäätä tai aineksia tarvittaessa.

11. Treenin jälkeinen mansikkaproteiinipirtelö

Ainesosat

- 8 unssia. rasvaton maito (1 % tai 2 %) - tai SILKKImaito (erittäin vähän laktoosia sisältävä soija)
- 1 banaani
- 8-10 pakastemansikkaa -- TAI -- mitä tahansa mieleisesi jäädytettyä hedelmää
- 1 lusikallinen Optimum 100% Whey - Vaniljajäätelön maku
- 1 TBS pellavaöljyä
- 1 tl glutamiinia
- 1 tl kreatiinia
- Splenda .... niin paljon kuin haluat tai tarvitset

Ohjeet

a) Sekoita tasaiseksi.
b) Maista ja säädä jäätä tai aineksia tarvittaessa.

12. Recovery Citrus Shake

Ainesosat

- ½ porkkanaa kuorittuna ja viipaloituna
- ½ appelsiini kuorittuna ja hienonnettuna
- ¼ melonin melonia kuorittuna ja hienonnettuna
- 1 lusikallinen heraproteiinijauhetta
- 125 ml cashewpähkinämaitoa
- 50 ml vettä
- Kourallinen jäätä

Ohjeet

Laita kaikki ainekset tehosekoittimeen 30-60 sekunniksi.

13. Yömyssy ravista

Ainesosat
- 2 lusikallista suklaaheraa
- 16 unssia maito
- ½ kupillista kaurapuuroa
- 1 rkl mantelivoita
- 3 jääpalaa

Ohjeet
Laita kaikki ainekset tehosekoittimeen 30-60 sekunniksi.

14. Ezekiel Nut Smoothie

Ainesosat

- 2 lusikallista vaniljaheraa
- ½ kupillista Ezekiel-muroja
- 1 lusikka kaseiinia
- 1 rkl maapähkinävoita
- 16 unssia rasvaton maito
- 3 jääpalaa

Ohjeet

Laita kaikki ainekset tehosekoittimeen 30-60 sekunniksi.

15. Bataattipirtelö

Ainesosat

- 1 bataatti, keitetty ja kuorittu
- ½ tl kanelia
- 1/2 kuppia silpputtuja manteleita
- 2 ruokalusikallista heraproteiinia (mikä tahansa maku)
- 16 unssia täysmaito

Ohjeet

Laita kaikki ainekset tehosekoittimeen 30-60 sekunniksi.

16. Keskiyön Macadamia

Ainesosat

- 2 lusikallista vaniljaheraa
- 12 unssia mantelimaito
- 1 lusikka kaseiinia
- ½ kuppi makadamiapähkinöitä
- ½ kuppi kreikkalaista jogurttia

Ohjeet

Laita kaikki ainekset tehosekoittimeen 30-60 sekunniksi.

17. Maapähkinäpähkinävoipirtelö

Ainesosat
- 2 ruokalusikallista heraproteiinia
- 1 lusikka kaseiinia
- 12 unssia kookosmaitoa tai mantelimaitoa
- 1 rkl suklaasiirappia
- 1 rkl rapeaa maapähkinävoita

Ohjeet
Laita kaikki ainekset tehosekoittimeen 30-60 sekunniksi.

18. Banaani proteiinipirtelö

Ainesosat

- 1 pakastettu banaani paloina
- 1 kauhallinen (25 g) vaniljaproteiinijauhetta
- 3/4 kuppia maitoa
- 1/4 kuppia kreikkalaista jogurttia tai enemmän maitoa
- 1/2 rkl chia- tai pellavansiemeniä, valinnainen

Ohjeet

a) Lisää kaikki ainekset täytteitä lukuun ottamatta blenderiin.
b) Banaani, kaneli, vaniljaproteiinijauhe, chia-siemenet, mantelimaito ja vanilja tehosekoittimessa.
c) Sekoita tasaiseksi. Maista ja säädä jäätä tai aineksia tarvittaessa. Lisää täytteitä (jos käytät) ja nauti!

19. Persikkakaurapirtelö

Ainesosat

- 1 ½ kuppia vettä tai mantelimaitoa
- 2 lusikallista vaniljaproteiinijauhetta
- ¼ kuppia kuivaa kauraa
- 1 persikka, kivet poistettuna, kuorittuna ja hienonnettuna
- kourallinen jääpaloja
- ½ pakastettua banaania kuorittuna ja hienonnettuna
- steviaa maun mukaan

Ohjeet

a) Sekoita tasaiseksi.
b) Maista ja säädä jäätä tai aineksia tarvittaessa.

20. Vanilja Chai Shake

Ainesosat

- 1 kuppi mantelimaitoa tai vettä
- 2 lusikallista vaniljaproteiinijauhetta
- ¼ kupillista vahvaa haudutettua, jäähdytettyä teetä
- ¼ tl vaniljauutetta
- ripaus jauhettua kanelia, neilikkaa ja kardemummaa
- kourallinen jääpaloja
- ripaus chia-siemeniä

Ohjeet

a) Sekoita tasaiseksi.
b) Maista ja säädä jäätä tai aineksia tarvittaessa.

21. Apple Pie a la Mode Shake

Ainesosat

- 1 kuppi vettä tai mantelimaitoa
- 1 omena kuorittuna, siemenkota ja hienonnettuna
- ¼ kuppia vaniljakreikkalaista jogurttia
- 1 rkl omenavoita
- ½ tl jauhettua omenapiirakkaa
- 2 lusikallista vaniljaproteiinijauhetta
- steviaa maun mukaan

Ohjeet

a) Sekoita tasaiseksi.
b) Maista ja säädä jäätä tai aineksia tarvittaessa.

22. Cinnamon Roll Shake

Ainesosat

- 1 ½ kuppia vettä tai mantelimaitoa
- 2 lusikallista vaniljaproteiinijauhetta
- ¼ tl jauhettua kanelia
- ½ dl vaniljakreikkalaista jogurttia
- ¼ kuppia kuivaa kauraa
- ½ banaania kuorittuna

Ohjeet

a) Sekoita tasaiseksi.
b) Maista ja säädä jäätä tai aineksia tarvittaessa.

23. Hawaiian Sunrise Shake

Ainesosat

- 1 kuppi mantelimaitoa tai vettä
- 2 lusikallista vaniljaproteiinijauhetta
- ½ banaani
- ½ kuppia ananasta
- ½ dl tavallista kreikkalaista jogurttia
- steviaa maun mukaan
- kourallinen jääpaloja

Ohjeet

a) Sekoita tasaiseksi.
b) Maista ja säädä jäätä tai aineksia tarvittaessa.

24. Snickerdoodles Shake

Ainesosat

- 1 kuppi vettä tai mantelimaitoa
- 2 lusikallista vaniljaproteiinijauhetta
- $\frac{1}{2}$ banaani
- 1 rkl kermaista mantelivoita
- $\frac{1}{4}$ tl jauhettua kanelia
- $\frac{1}{4}$ tl vaniljauutetta

Ohjeet

a) Sekoita tasaiseksi.
b) Maista ja säädä jäätä tai aineksia tarvittaessa.

25. Suklaaproteiinipirtelö

Ainesosat

- 1 lusikka (25 g) suklaaproteiinijauhetta
- 1/2 rkl kaakaojauhetta
- 1 pakastettu banaani paloina
- 3/4 kuppia maitoa
- 1/2 rkl chia- tai pellavansiemeniä, valinnainen
- kourallinen jäätä
- kookoskermavaahtoa, täytteeksi, (valinnainen)

Ohjeet

a) Lisää kaikki ainekset täytteitä lukuun ottamatta blenderiin.
b) Banaani, kaneli, vaniljaproteiinijauhe, chia-siemenet, mantelimaito ja vanilja tehosekoittimessa.
c) Sekoita tasaiseksi. Maista ja säädä jäätä tai aineksia tarvittaessa. Lisää täytteitä (jos käytät) ja nauti!

26. Vegaaninen marjaproteiinipirtelö

Ainesosat

- 1 kauhallinen (25 g) vaniljaproteiinijauhetta
- 1 kuppi pakastemarjoja
- kourallinen pinaattia, valinnainen
- 1 kuppi maidotonta maitoa
- 1 rkl cashew- tai mantelivoita
- 1/2 T chia- tai pellavansiemeniä, valinnainen
- tarvittaessa jäätä

Ohjeet

a) Lisää kaikki ainekset täytteitä lukuun ottamatta blenderiin.
b) Banaani, kaneli, vaniljaproteiinijauhe, chia-siemenet, mantelimaito ja vanilja tehosekoittimessa.
c) Sekoita tasaiseksi. Maista ja säädä jäätä tai aineksia tarvittaessa. Lisää täytteitä (jos käytät) ja nauti!
d) Sekoitettu vaniljaproteiinipirtelö tehosekoittimessa.

27. Maapähkinävoi Proteiinipirtelö

Ainesosat

- 1 kauhallinen (25 g) vaniljaproteiinijauhetta
- 2 rkl maapähkinävoita tai maapähkinävoijauhetta, + lisää tihkumiseen
- 1 pakastettu banaani paloina
- 3/4 kuppia mantelimaitoa,
- kourallinen jäätä tarvittaessa

Ohjeet

a) Lisää kaikki ainekset täytteitä lukuun ottamatta blenderiin.
b) Banaani, kaneli, vaniljaproteiinijauhe, chia-siemenet, mantelimaito ja vanilja tehosekoittimessa.
c) Sekoita tasaiseksi. Maista ja säädä jäätä tai aineksia tarvittaessa. Lisää täytteitä (jos käytät) ja nauti!

28. Banaani-manteliproteiinismoothie

Ainesosat:

- ½ kuppia kookosvettä
- ½ dl tavallista kreikkalaista jogurttia
- 3 rkl mantelivoita
- 1 lusikallinen heraproteiinijauhetta
- 1 rkl kuorittuja hampunsiemeniä
- 1 pakastettu banaani
- 1 kuppi jäätä

Ohjeet

a) Sekoita tasaiseksi.
b) Maista ja säädä jäätä tai aineksia tarvittaessa.

29. Protein Power Smoothie

Ainesosat:

- ¾ kuppia rasvatonta maitoa
- ½ kypsää banaania
- ½ kuppia pakastevadelmia
- ½ kuppia pakastemustikoita
- 1 lusikallinen vaniljaheraproteiinijauhetta
- 5 jääpalaa

Ohjeet

a) Sekoita tasaiseksi.
b) Maista ja säädä jäätä tai aineksia tarvittaessa.

30. Very Berry Super Shake

Ainesosat:

- 12 unssia vettä
- 1 kuppi pinaattia
- 2 kuppia pakastettuja marjoja
- 1/2 kuppia tavallista vähärasvaista jogurttia
- 2 lusikallista vaniljaproteiinijauhetta
- 1 ruokalusikallinen saksanpähkinöitä
- 1 rkl jauhettua pellavansiementä

Ohjeet

a) Sekoita tasaiseksi.
b) Maista ja säädä jäätä tai aineksia tarvittaessa.

31. Apple and Great Grains -pirtelö

Ainesosat:

- 12 unssia vettä, maitoa tai jogurttia
- 2 ruokalusikallista vaniljanmakuista proteiinia
- 1 omena, ydin poistettu ja viipaloitu viipaleiksi
- 1 kuppi pinaattia
- 2 ruokalusikallista manteleita
- $\frac{1}{4}$ kupillista keittämätöntä kauraa
- Jäätä tarpeen mukaan
- Kaneli, maun mukaan

Ohjeet

a) Sekoita tasaiseksi.
b) Maista ja säädä jäätä tai aineksia tarvittaessa.

32. Suklaa, maapähkinävoi ja banaanipirtelö

Ainesosat:

- 12 unssia vettä, maitoa tai jogurttia
- 2 lusikallista suklaanmakuista proteiinijauhetta
- 1 banaani
- 1 kuppi pinaattia
- 2 ruokalusikallista luonnollista maapähkinävoita
- 1 ruokalusikallinen kaakaojauhetta tai tummaa kaakaojauhetta

Ohjeet

a) Sekoita tasaiseksi.
b) Maista ja säädä jäätä tai aineksia tarvittaessa.

33. Mansikka-banaanipirtelö

Ainesosat:

- 12 unssia vettä, maitoa tai jogurttia
- 2 lusikallista vanilja- tai mansikanmakuista proteiinijauhetta
- 1 banaani
- 1 kuppi pakastemansikoita
- 1 kuppi pinaattia
- 2 ruokalusikallista jauhettua pellavaa

Ohjeet

a) Sekoita tasaiseksi.
b) Maista ja säädä jäätä tai aineksia tarvittaessa.

34. Suklaakirsikka Awesomeness Shake

Ainesosat:

- 12 unssia vettä, maitoa tai jogurttia
- 2 lusikallista suklaanmakuista proteiinijauhetta
- 2 kupillista makeita tummia kirsikoita, kivet poistettu
- 1 kuppi pinaattia
- 1 ruokalusikallinen saksanpähkinöitä
- 1 rkl jauhettua pellavaa
- 1 ruokalusikallinen kaakaojauhetta tai tummaa kaakaojauhetta

Ohjeet

a) Sekoita tasaiseksi.
b) Maista ja säädä jäätä tai aineksia tarvittaessa.

35. Vanilja Pumpkin Pie Shake

Ainesosat:

- 12 unssia vettä, maitoa tai jogurttia
- 2 lusikallista vaniljanmakuista proteiinijauhetta
- $\frac{3}{4}$ kupillista soseutettua kurpitsaa
- 1 ruokalusikallinen saksanpähkinöitä
- 1 ruokalusikallinen jauhettua pellavaa
- $\frac{1}{2}$ kupillista keittämätöntä kauraa
- Kaneli ja vaniljauute maun mukaan
- Jäätä tarpeen mukaan

Ohjeet

a) Sekoita tasaiseksi.
b) Maista ja säädä jäätä tai aineksia tarvittaessa.

36. Paistettu omenapirtelö

Ainesosat:

- 12 unssia vettä, maitoa tai jogurttia
- 2 lusikallista vaniljanmakuista proteiinijauhetta
- 1 omena, ydin poistettu ja viipaloitu viipaleiksi
- 1 kuppi pinaattia
- 1 ruokalusikallinen manteleita
- 1 ruokalusikallinen jauhettua pellavaa
- 1 ruokalusikallinen seesaminsiemeniä
- Kaneli maun mukaan
- Jäätä tarpeen mukaan

Ohjeet

a) Sekoita tasaiseksi.
b) Maista ja säädä jäätä tai aineksia tarvittaessa.

37. Tropical Power Shake

Ainesosat:

- 12 unssia vettä, maitoa tai jogurttia
- 2 lusikallista vaniljanmakuista proteiinijauhetta
- $\frac{1}{2}$ banaani
- 1 kuppi ananasta
- 1 kuppi pinaattia
- 1 ruokalusikallinen jauhettua pellavaa
- 2 ruokalusikallista makeuttamattomia kookoshiutaleita
- $\frac{1}{2}$ kuppia tavallista jogurttia tai vegaanista vaihtoehtoa

Ohjeet

a) Sekoita tasaiseksi.
b) Maista ja säädä jäätä tai aineksia tarvittaessa.

38. Superfood Shake

Ainesosat:

- 1/2 kuppia pakastekirsikoita
- 8 unssia. vettä
- 1/2 kuppia hienonnettua raa'aa punajuurta
- 1/2 kuppia pakastemansikoita
- 1/2 kuppia pakastemustikoita
- 1/2 banaania
- 1 lusikallinen suklaaheraproteiinia
- 1 rkl jauhettua pellavansiementä

Ohjeet

a) Sekoita tasaiseksi.
b) Maista ja säädä jäätä tai aineksia tarvittaessa.

39. Dr. Miken Power Shake

Ainesosat:

- ¼ kuppia vähärasvaista raejuustoa
- 1 kuppi mustikoita (tuore tai pakaste)
- 1 lusikallinen vaniljaproteiinijauhetta
- 2 rkl pellavansiemenjauhoa
- 2 rkl saksanpähkinöitä, hienonnettu
- 1½ kupillista vettä
- 3 jääpalaa

Ohjeet

a) Sekoita tasaiseksi.
b) Maista ja säädä jäätä tai aineksia tarvittaessa.

40. Double Chocolate Mint Shake

Ainesosat:

- 1 lusikallinen suklaaproteiinijauhetta
- 3/4 kuppia suklaamantelimaitoa
- 1 rkl saksanpähkinöitä
- 2 rkl kaakaojauhetta, makeuttamatonta
- 1 ruokalusikallinen kaakaonnibsiä
- 2 mintunlehteä
- 4 jääpalaa
- $\frac{1}{4}$ kuppia vettä

Ohjeet

a) Sekoita tasaiseksi.
b) Maista ja säädä jäätä tai aineksia tarvittaessa.

41. Orange Creamsicle

Ainesosat:

- 1 lusikallinen vaniljaproteiinijauhetta
- 1 appelsiini
- $\frac{1}{4}$ appelsiinin kuorta
- 1 ruokalusikallinen saksanpähkinöitä
- 2 rkl pellavansiemenjauhoa
- 1 kuppi vettä
- $\frac{1}{2}$ kuppi appelsiinimehua
- 3 jääpalaa

Ohjeet

a) Sekoita tasaiseksi.
b) Maista ja säädä jäätä tai aineksia tarvittaessa.

42. Vaniljakahvipirtelö

Ainesosat

- ½ kupillista vaniljamantelimaitoa
- ½ kuppi kylmäkeitettyä mustaa kahvia
- 2 lusikallista vaniljaproteiinijauhetta
- nestemäistä steviaa maun mukaan
- kourallinen jääpaloja

Ohjeet

a) Sekoita tasaiseksi.
b) Maista ja säädä jäätä tai aineksia tarvittaessa.

43. Kaurapuuro pirtelö

Ainesosat

- ¼ kuppia kuivaa kauraa
- 2 lusikallista vaniljaproteiinijauhetta
- ½ tl jauhettua kanelia
- 1 tl puhdasta vaahterasiirappia
- 1 ½ kuppia vettä tai mantelimaitoa
- kourallinen jääpaloja

Ohjeet

a) Sekoita tasaiseksi.
b) Maista ja säädä jäätä tai aineksia tarvittaessa.

44. Banaanipähkinäpirtelö

Ainesosat

- ½ banaani
- 1 kuppi mantelimaitoa tai vettä
- 10 mantelia
- 1 lusikallinen vaniljaproteiinijauhetta
- kourallinen jääpaloja

Ohjeet

a) Sekoita tasaiseksi.
b) Maista ja säädä jäätä tai aineksia tarvittaessa.

45. Cafe Mocha Shake

Ainesosat

- ½ kuppi mantelimaitoa
- ½ kupillista kylmää keitettyä mustaa kahvia
- 2 lusikallista suklaaproteiinijauhetta
- 1 tl makeuttamatonta kaakaojauhetta
- nestemäistä steviaa maun mukaan
- kourallinen jääpaloja

Ohjeet

a) Sekoita tasaiseksi.
b) Maista ja säädä jäätä tai aineksia tarvittaessa.

46. Sunny Morning Shake

Ainesosat

- 1 siemenetön, kuorittu appelsiini
- 1 kuppi mantelimaitoa
- 2 lusikallista maustamatonta proteiinijauhetta
- kourallinen jääpaloja

Ohjeet

a) Sekoita tasaiseksi.
b) Maista ja säädä jäätä tai aineksia tarvittaessa.

47. Orange Creamsicle Shake

Ainesosat

- $\frac{1}{2}$ pakastettua banaania
- $\frac{1}{2}$ dl vaniljakreikkalaista jogurttia
- 1 kuppi tuorepuristettua appelsiinimehua
- 2 lusikallista vaniljaproteiinijauhetta
- kourallinen jääpaloja

Ohjeet

a) Sekoita tasaiseksi.
b) Maista ja säädä jäätä tai aineksia tarvittaessa.

48. Ohut minttupirtelö

Ainesosat

- ½ pakastettua banaania
- 1 kuppi mantelimaitoa tai vettä
- 2 lusikallista suklaaproteiinijauhetta
- 1 tl makeuttamatonta kaakaojauhetta
- ¼ tl piparminttuuutetta
- 4 tuoretta mintunlehteä (valinnainen)

Ohjeet

a) Sekoita tasaiseksi.
b) Maista ja säädä jäätä tai aineksia tarvittaessa.

49. Bright Berry Shake

Ainesosat

- 1 ½ kuppia vettä tai mantelimaitoa
- 2 lusikallista vaniljaproteiinijauhetta
- 8 vadelmaa
- 4 mansikka
- 12 mustikkaa
- kourallinen jääpaloja

Ohjeet

a) Sekoita tasaiseksi.
b) Maista ja säädä jäätä tai aineksia tarvittaessa.

50. Mansikka Vanilja Shake

Ainesosat

- 1 ½ kuppia vettä tai mantelimaitoa
- 2 lusikallista vaniljaproteiinijauhetta
- 1 kourallinen jääpaloja
- 1 tl vaniljauutetta
- ½ pakastettua banaania
- 3 pakastemansikka

Ohjeet

a) Sekoita tasaiseksi.
b) Maista ja säädä jäätä tai aineksia tarvittaessa.

51. Vadelmajuustokakkupirtelö

Ainesosat

- 1 ½ kuppia vettä tai mantelimaitoa
- 2 lusikallista vaniljaproteiinijauhetta
- 15 pakastevadelmaa
- 2 ruokalusikallista vähärasvaista smetanaa
- nestemäistä steviaa maun mukaan

Ohjeet

a) Sekoita tasaiseksi.
b) Maista ja säädä jäätä tai aineksia tarvittaessa.

52. Maapähkinävoi Cup Shake

Ainesosat

- 1 kuppi vettä tai mantelimaitoa
- 2 lusikallista suklaaproteiinijauhetta
- 1 tl makeuttamatonta kaakaojauhetta
- 1 rkl kermaista maapähkinävoita
- kourallinen jääpaloja

Ohjeet

a) Sekoita tasaiseksi.
b) Maista ja säädä jäätä tai aineksia tarvittaessa.

53. Kermainen suklaapirtelö

Ainesosat

- 1 kuppi vettä tai mantelimaitoa
- 2 lusikallista suklaaproteiinijauhetta
- 1 tl makeuttamatonta kaakaojauhetta
- 2 ruokalusikallista vähärasvaista smetanaa
- nestemäistä steviaa maun mukaan

Ohjeet

a) Sekoita tasaiseksi.
b) Maista ja säädä jäätä tai aineksia tarvittaessa.

54. Papaija-inkivääri-minttupirtelö

Ainesosat

- ½ kuppi tuoretta hienonnettua papaijaa
- ½ tl tuoretta jauhettua inkivääriä
- 4 tuoretta mintunlehteä
- 1 kuppi vettä tai mantelimaitoa
- 2 lusikallista vaniljaproteiinijauhetta
- kourallinen jääpaloja
- tilkka hunajaa maun mukaan

Ohjeet

a) Sekoita tasaiseksi.
b) Maista ja säädä jäätä tai aineksia tarvittaessa.

55. Mustikka Mango Shake

Ainesosat

- $\frac{1}{2}$ kuppia tuoretta tai pakastettua mangoa hienonnettuna
- $\frac{1}{4}$ kuppia tuoreita tai pakastemustikoita
- $\frac{1}{4}$ kuppia tavallista kreikkalaista jogurttia
- 1 kuppi vettä tai mantelimaitoa
- 2 lusikallista vaniljaproteiinijauhetta

Ohjeet

a) Sekoita tasaiseksi.
b) Maista ja säädä jäätä tai aineksia tarvittaessa.

56. Pinaatti-, kiivi- ja chia-siemenpirtelö

Ainesosat

- 1 ½ kuppia vettä tai mantelimaitoa
- 1 kuppi pakattu pinaatti
- 1 kypsä kiivi, kuorittu ja leikattu paloiksi
- 2 lusikallista vaniljaproteiinijauhetta
- 1 rkl chia-siemeniä
- kourallinen jääpaloja

Ohjeet

a) Sekoita tasaiseksi.
b) Maista ja säädä jäätä tai aineksia tarvittaessa.

57. Kaurapuuro Cookie Shake

Ainesosat

- ¼ kuppia kuivaa kauraa
- 1 ½ kuppia vettä tai mantelimaitoa
- 2 lusikallista vaniljaproteiinijauhetta
- ½ pakastettua banaania kuorittuna ja hienonnettuna
- 1 tl hunajaa
- ½ tl jauhettua kanelia
- ½ tl vaniljauutetta
- ripaus jauhettua inkivääriä, muskottipähkinää ja suolaa

Ohjeet

a) Sekoita tasaiseksi.
b) Maista ja säädä jäätä tai aineksia tarvittaessa.

58. Maapähkinävoi ja Jelly Shake

Ainesosat

- ½ pakastettua banaania
- 1 kuppi mantelimaitoa tai vettä
- 2 rkl kermaista maapähkinävoita
- ½ kuppia pakastemansikoita
- 2 lusikallista vaniljaproteiinijauhetta
- kourallinen jääpaloja

Ohjeet

a) Sekoita tasaiseksi.
b) Maista ja säädä jäätä tai aineksia tarvittaessa.

59. Vanilla Matcha Avocado Shake

Ainesosat

- 1 ½ kuppia mantelimaitoa tai vettä
- 2 lusikallista vaniljaproteiinijauhetta
- ¼ tl vaniljauutetta
- ½ avokadoa, kivet poistettuna ja kuorittuna
- 2 tl matcha-jauhetta
- 1 kourallinen pinaattia

Ohjeet

a) Sekoita tasaiseksi.
b) Maista ja säädä jäätä tai aineksia tarvittaessa.

60. Kirsikkamantelipirtelö

Ainesosat

- 1 kuppi vettä tai mantelimaitoa
- 2 lusikallista vaniljaproteiinijauhetta
- $\frac{1}{2}$ kuppia pakastettuja, kivettömiä kirsikoita
- 2 rkl mantelivoita
- kourallinen jääpaloja

Ohjeet

a) Sekoita tasaiseksi.
b) Maista ja säädä jäätä tai aineksia tarvittaessa.

61. Hunaja-banaanipirtelö

Ainesosat

- 1 ½ kupillista vettä tai mantelimaitoa
- 1 pakastettu banaani
- ¼ kuppia tavallista kreikkalaista jogurttia
- 2 lusikallista vaniljaproteiinijauhetta
- 1 tl hunajaa
- ripottele jauhettua muskottipähkinää

Ohjeet

a) Sekoita tasaiseksi.
b) Maista ja säädä jäätä tai aineksia tarvittaessa.

62. Porkkanakakkupirtelö

Ainesosat

- 1 ½ kuppia vettä tai mantelimaitoa
- 2 lusikallista vaniljaproteiinijauhetta
- ¼ kuppia raastettuja porkkanoita
- ¼ kuppia hienonnettuja saksanpähkinöitä
- ¼ kuppia tavallista kreikkalaista jogurttia
- ¼ tl jauhettua kanelia
- ripaus jauhettua muskottipähkinää ja jauhettua inkivääriä

Ohjeet

a) Sekoita tasaiseksi.
b) Maista ja säädä jäätä tai aineksia tarvittaessa.

63. Key Lime Pie Shake

Ainesosat

- ½ dl vaniljakreikkalaista jogurttia
- 1 kuppi mantelimaitoa tai vettä
- 2 lusikallista vaniljaproteiinijauhetta
- 1 rkl limetin mehua
- steviaa maun mukaan
- kourallinen jääpaloja

Ohjeet

a) Sekoita tasaiseksi.
b) Maista ja säädä jäätä tai aineksia tarvittaessa.

64. Suklaahippukeksipirtelö

Ainesosat

- 1 ½ kuppia mantelimaitoa tai vettä
- 2 lusikallista vaniljaproteiinijauhetta
- ¼ kuppia kuivaa kauraa
- ¼ tl jäljitelmävoi makua
- ¼ tl vaniljauutetta
- hyppysellinen suolaa
- kourallinen jääpaloja
- 1 rkl minisuklaalastuja
- steviaa maun mukaan

Ohjeet

a) Sekoita tasaiseksi.
b) Maista ja säädä jäätä tai aineksia tarvittaessa.

65. Suklaa Brownie Shake

Ainesosat

- 1 pakastettu banaani kuorittuna ja hienonnettuna
- ¼ kuppi haudutettua kahvia, jäähdytetty
- ¾ kupillista mantelimaitoa
- 2 lusikallista suklaaproteiinijauhetta
- 2 ruokalusikallista makeuttamatonta kaakaojauhetta
- ¼ tl vaniljauutetta
- hyppysellinen suolaa
- 1 rkl minisuklaalastuja

Ohjeet

a) Sekoita tasaiseksi.
b) Maista ja säädä jäätä tai aineksia tarvittaessa.

66. Pina Colada Shake

Ainesosat

- 1 pakastettu banaani kuorittuna ja hienonnettuna
- ½ kuppi tuoretta ananasta, hienonnettuna
- 1 kuppi kookosmaitoa
- 2 lusikallista vaniljaproteiinijauhetta
- 1 ruokalusikallinen raastettua, makeuttamatonta kookosta

Ohjeet

a) Sekoita tasaiseksi.
b) Maista ja säädä jäätä tai aineksia tarvittaessa.

67. Suklaataseen kasvattaja

Ainesosat

- Maito
- Sokeri
- 1 lusikallinen heraproteiinia
- 1 viipaloitu banaani
- 1 iso lusikka maapähkinävoita
- 2 1/2 isoa lusikkaa suklaajäätelöä
- 3 suklaapiirakkaa
- Suklaa Nesquik

Ohjeet

a) Sekoita tasaiseksi.
b) Maista ja säädä jäätä tai aineksia tarvittaessa.

68. Banaaniaasin kasvattaja

Ainesosat

- Maito
- Sokeri
- 1 lusikallinen heraproteiinia
- 1 viipaloitu banaani
- 1 1/2 lusikallista maapähkinävoita
- Banaani Nesquik

Ohjeet

a) Sekoita tasaiseksi.
b) Maista ja säädä jäätä tai aineksia tarvittaessa.

69. Mansikkaperen kasvattaja

Ainesosat

- Maito
- Sokeri
- 1 lusikallinen heraproteiinia
- 1 mansikka hedelmänurkkaus
- 1 iso lusikka mansikkahilloa
- Mansikka Nesquik

Ohjeet

a) Sekoita tasaiseksi.
b) Maista ja säädä jäätä tai aineksia tarvittaessa.

70. Uskomaton Bulk Vegan Shake

Ainesosat

- 200 ml kookosmaitoa
- 1 lusikka SF Nutrition Vegan Madagascan Vanilla Protein -proteiinia
- Kourallinen pinaattia
- 50 g ananasta
- ½ banaani
- ½ limeä

Ohjeet

a) Sekoita tasaiseksi.
b) Maista ja säädä jäätä tai aineksia tarvittaessa.

71. Proteiini Frappuccino

Ainesosat

- 16 unssia jääkahvia
- 1 paketti proteiiniheraa
- 1 rkl raskasta kuohukermaa
- 1 ruokalusikallinen pellavansiemenöljyä

Ohjeet

a) Sekoita tasaiseksi.
b) Maista ja säädä jäätä tai aineksia tarvittaessa.

72. Oliiviöljyn proteiinipirtelö

Ainesosat

- 1 8 OZ lasillinen vettä
- 1 kypsä banaani
- 2 ruokalusikallista soijaproteiinijauhetta
- 2 rkl oliiviöljyä
- 1 tai 2 rkl maapähkinävoita

Ohjeet

a) Sekoita tasaiseksi.
b) Maista ja säädä jäätä tai aineksia tarvittaessa.

73. Proteiini smoothie

Ainesosat

- 1/2 kuppia pakastemansikoita (ei lisättyä sokeria)
- 1/2 kuppia FF-maitoa
- 1 kokonainen banaani
- 1 lusikallinen maustamatonta heraproteiinijauhetta
- 1 kuppi jäätä

Ohjeet

a) Sekoita tasaiseksi.
b) Maista ja säädä jäätä tai aineksia tarvittaessa.

74. Muscle Building Shake

Ainesosat

- 1 kuppi jääkuutioita
- 3/4 kuppia munanvalkuaista
- 3/4 dl vanilja-soijamaitoa
- 1 kuppi pakastemansikoita
- 1/2 banaania
- 1/2 kuppia karpalomehua

Ohjeet

a) Sekoita tasaiseksi.
b) Maista ja säädä jäätä tai aineksia tarvittaessa.

75. Peanut Butter Cup Protein Shake

Ainesosat

- 1 kuppi vettä
- 2 lusikallista 100 % suklaaherajauhetta
- 3-4 rkl luonnollista paksua maapähkinävoita
- 1 rkl pellavansiemenöljyä
- 1 kuppi jääpaloja

Ohjeet

a) Sekoita tasaiseksi.
b) Maista ja säädä jäätä tai aineksia tarvittaessa.

76. Maapähkinävoi Hauras pirtelö

Ainesosat

- 2 ruokalusikallista vaniljaproteiinia
- 1 rkl sokeritonta pikavanukasseosta, kuiva
- 1 rkl luonnollista maapähkinävoita, paksua
- 8 unssia. kylmää vettä tai vähärasvaista maitoa
- 3-6 jääpalaa

Ohjeet

Laita kaikki ainekset tehosekoittimeen 30-60 sekunniksi.

77. Juustoinen vaniljapirtelö

Ainesosat

- 16 unssia rasvaton maito
- 2 kuppia rasvatonta raejuustoa
- 3 lusikallista proteiinijauhetta
- 1/2 kuppia rasvatonta vaniljajogurttia
- 1 lusikallinen suosikkihedelmääsi
- Splenda maun mukaan
- 2-3 jääpalaa

Ohjeet

Laita kaikki ainekset tehosekoittimeen 30-60 sekunniksi.

78. Maapähkinävoi Orange Shake

Ainesosat

- 12 unssia tuoretta appelsiinimehua
- 2 ruokalusikallista vaniljaheraproteiinia
- 1 banaani
- 2 rkl luonnollista maapähkinävoita
- 4 jääpalaa

Ohjeet

Laita kaikki ainekset tehosekoittimeen 30-60 sekunniksi.

79. Blueberry Blast

Ainesosat

- 1 kuppi vaniljamantelimaitoa
- 1 pakastettu banaani (kuori ennen pakastamista)
- 1/2 kuppia mustikoita
- 1 lusikallinen maustamatonta tai vaniljaproteiinijauhetta

Ohjeet

Laita kaikki ainekset tehosekoittimeen 30-60 sekunniksi.

80. Suklaahippujäätelöpirtelö

Ainesosat

- 1 kuppi suklaamantelimaitoa
- 1 rkl maapähkinävoita
- 1 pakastettu banaani (kuori ennen pakastamista)
- 1 rkl kaakaonnibsiä
- 1 lusikallinen suklaaproteiinijauhetta
- $\frac{1}{2}$ kuppia suklaahippuja

Ohjeet

Laita kaikki ainekset tehosekoittimeen 30-60 sekunniksi.

81. Suklaamaapähkinävoipirtelö

Ainesosat

- 2 ruokalusikallista luomumaapähkinävoita
- 2 lusikallista suklaaproteiinijauhetta
- 12 unssia kookosmaitoa
- 2 rkl kaakaojauhetta
- 2 ruokalusikallista Splendaa
- 2-3 jääpalaa

Ohjeet

Laita kaikki ainekset tehosekoittimeen 30-60 sekunniksi.

82. Reeses Pieces Shake

Ainesosat

- 1 kuppi rasvatonta maitoa
- 1 kuppi munavatkaimet
- 1 kasattu ruokalusikallinen peter pan hunajaa paahdettua maapähkinävoita
- 2,5 lusikallista kaksinkertaista suklaaheraproteiinia
- Riittävä määrä hasselpähkinämaustetta

Ohjeet

Laita kaikki ainekset tehosekoittimeen 30-60 sekunniksi.

83. Partiotyttö

Ainesosat

- 12 unssia rasvaton maito
- 4-8 Thin Mint Girl Scout -keksejä
- 2-3 jääpalaa
- 2 ruokalusikallista suklaaheraproteiinia

Ohjeet

Laita kaikki ainekset tehosekoittimeen 30-60 sekunniksi.

84. Jännittävä Vanilla Protein Shake

Ainesosat

- 2 lusikallista vaniljaheraa
- 16 unssia kevyt soijamaito
- 1 rkl pellavansiemen-, soija- ja manteliseosta
- 1 tl siirappia
- Muutama tippa vaniljauutetta
- 3-4 jääpalaa
- 1 rkl vähärasvaista luonnonjogurttia

Ohjeet

Laita kaikki ainekset tehosekoittimeen 30-60 sekunniksi.

85. Almond Blast

Ainesosat

- 2 lusikallista vaniljaa heraa
- 10-12 oz. rasvattomasta maidosta
- 1/2 kuppia kuivaa kaurapuuroa
- 1/2 kuppia rusinoita
- 12 silputtua mantelia
- 1 ruokalusikallinen mantelivoita

Ohjeet

Laita kaikki ainekset tehosekoittimeen 30-60 sekunniksi.

86. Piparminttu Kaurapuuro

Ainesosat

- 2 ruokalusikallista suklaaproteiinia
- 1 dl sokeritonta vaniljajäätelöä
- 1 kuppi kaurapuuroa
- 2 kuppia rasvatonta maitoa tai rasvatonta maitoa
- 1/2 kuppia vettä
- Ripaus piparminttuuutetta

Ohjeet

Laita kaikki ainekset tehosekoittimeen 30-60 sekunniksi.

87. Uskomaton Hulk

Ainesosat

- 2 ruokalusikallista vaniljaproteiinia
- 1/2 ruokalusikallista sokeritonta pistaasipähkinäseosta
- Muutama tippa piparminttuuutetta
- 1 muutama tippa vihreää elintarvikeväriä (valinnainen)
- 8 unssia. kylmää vettä tai vähärasvaista maitoa
- 3-5 jääpalaa

Ohjeet

Laita kaikki ainekset tehosekoittimeen 30-60 sekunniksi.

88. Suklaamaapähkinävoisekoitus

Ainesosat

- 2 kuppia 2% maitoa
- 1/4 kuppia maapähkinävoita
- 3 jääpalaa
- 1/2 banaania
- 1 lusikallinen suklaaproteiinijauhetta
- 1 tl suklaa-hershey-siirappia

Ohjeet

Laita kaikki ainekset tehosekoittimeen 30-60 sekunniksi.

89. Mango-kookospirtelö

Ainesosat

- 1 lusikallinen vaniljaheraproteiinia
- 3-4 pakastettua mangopalaa
- 6 unssia kookosmaitoa
- Vesi

Ohjeet

Laita kaikki ainekset tehosekoittimeen 30-60 sekunniksi.

90. Mansikka-banaanipirtelö

Ainesosat

- 1 lusikka mansikkaheraproteiinia
- Kourallinen kaalia
- 5 pakastemansikka
- 1 banaani
- Vesi

Ohjeet

Laita kaikki ainekset tehosekoittimeen 30-60 sekunniksi.

91. Ananas Shake

Ainesosat

- 1 lusikallinen vaniljaheraproteiinia
- 10 kpl pakastettua ananasta
- 16 unssia Kookosmaito

Ohjeet

Laita kaikki ainekset tehosekoittimeen 30-60 sekunniksi.

92. Vesimeloni Mango Mix

Ainesosat

- 1 lusikallinen vaniljaheraproteiinia
- Vesimeloni
- Pakastettu mango
- 12 unssia Mantelimaito

Ohjeet

Laita kaikki ainekset tehosekoittimeen 30-60 sekunniksi.

93. Buckeye Shake

Ainesosat

- 2 lusikallista suklaaproteiinijauhetta
- 6 unssia mantelimaito
- 1,5 rkl maapähkinävoita
- 1 rkl raakakaakaojauhetta
- 4 unssia. vettä (enemmän ohuempaa pirtelöä varten, vähemmän paksumpaa pirtelöä)
- 3 jääpalaa

Ohjeet

Laita kaikki ainekset tehosekoittimeen 30-60 sekunniksi.

94. Apple Crisp Shake

Ainesosat
- 2 lusikallista vaniljaproteiinijauhetta
- 6 unssia mantelimaito
- ½ kuppi omenasosetta
- Murskattu jää
- Vesi

Ohjeet
Laita kaikki ainekset tehosekoittimeen 30-60 sekunniksi.

95. Pina Colada Shake

Ainesosat

- 1,5 ruokalusikallista vaniljaproteiinijauhetta
- 1 tl kookosuutteen aromia
- 1/3 kuppia murskattua ananasta tai 2 ananasrengasta
- 1/4 kuppia makeuttamatonta kookosmaitoa
- Jääpaloja ja vettä

Ohjeet

Laita kaikki ainekset tehosekoittimeen 30-60 sekunniksi.

96. Banaanileipäpirtelö

Ainesosat

- 2 ruokalusikallista vaniljaheraproteiinia
- 1 banaani
- 1/2 kuppia Quaker-kaurapuuroa
- 1/2 kuppia lesehiutaleita
- 350 ml vettä
- 30 g dekstroosia

Ohjeet

Laita kaikki ainekset tehosekoittimeen 30-60 sekunniksi.

97. Marjat ja kermapirtelö

Ainesosat

- 1-2 mittalusikallista vaniljaheraproteiinia
- 2-3 jääpalaa
- 1 pieni purkki ananasmehua
- 1 kourallinen sekoitettuja marjoja

Ohjeet

Laita kaikki ainekset tehosekoittimeen 30-60 sekunniksi.

98. Berry Blast Shake

Ainesosat

- 2 ruokalusikallista vaniljaheraproteiinia
- 1,5 kupillista pakastemarjoja
- 4 ruokalusikallista rasvatonta jogurttia
- 200 ml vettä
- 25 g dekstroosia

Ohjeet

Laita kaikki ainekset tehosekoittimeen 30-60 sekunniksi.

99. Mansikkajuustokakkupirtelö

Ainesosat

- 10 unssia vettä
- 8 pakastemansikka
- 4 ruokalusikallista vähärasvaista smetanaa
- 2 lusikallista mansikkaheraa
- 1 tl hunajaa

Ohjeet

Laita kaikki ainekset tehosekoittimeen 30-60 sekunniksi.

100. Persikat ja kermapirtelö

Ainesosat

- 8-10 oz. puhdas vesi
- 1 kypsä persikka
- 2 rkl vähärasvaista smetanaa
- 1 tl hunajaa
- 2 lusikallista vaniljaheraa

Ohjeet

Laita kaikki ainekset tehosekoittimeen 30-60 sekunniksi.

PÄÄTELMÄ

Proteiini on ihmiskehon tärkein ravintoaine. Se ei ole vain ihmiskehon pääainesosa, vaan se voidaan myös muuntaa sokeriksi ja rasvaksi ja tuottaa energiaa tietyissä olosuhteissa. Verrattuna kiistanalaisiin "rasviin" ja "hiilihydraatteihin" proteiini on todellakin kerännyt aika paljon voittoa, ja proteiinijauhe, jossa on korkea proteiinipitoisuus, on epäilemättä oikotie proteiinin nauttimiseen. Monet ihmiset uskovat, että puuteri on viimeinen askel täydelliseen vartalon muotoon.

Ihmiset juovat proteiinipirtelöitä useista syistä, mukaan lukien lihasten rakentaminen, laihtuminen ja vammoista toipuminen. Vaikka monet ruoat - kuten munat, liha, siipikarja, maito ja palkokasvit - tarjoavat runsaasti terveellistä proteiinia, proteiinipirtelöistä ja -jauheista on tullut suosittu, laadukas lisäravinne päivittäiseen proteiinin saantiin.

www.ingramcontent.com/pod-product-compliance
Lightning Source LLC
Chambersburg PA
CBHW050355120526
44590CB00015B/1701